DONY ALEXIEV

# MOTIFS SUR PORCELAINE

## Peindre et dessiner

ULISSEDITIONS

Paris, 15 rue de Prony
92600 Asnières
Photos: Eric Morin
Projet de couverture: Piero Polato
Maquette: Mario Anesi
Photocomposition: L'Apostrofo, Turin
Dépôt légal: Juillet 1989
Imprimé en Italie par: Istituto Grafico Bertello, CN
ISBN 2-907601-06-7

# Sommaire

*Le goût se forme dans la contemplation de l'excellent, non du passable.*

GOETHE

# *Introduction*

Je prie ceux qui auront ce livre entre les mains d'excuser le survol hâtif et plein de lacunes de la découverte et du développement de la fabrication de la porcelaine depuis ses débuts jusqu'au XVIIIe siècle.
Le but de ce livre est surtout et avant tout de fournir des modèles de bouquets, paysages et autres motifs courants et accessibles à ceux qui aiment et apprennent à peindre sur porcelaine. Il veut aussi familiariser avec les formes pour savoir choisir un décor adéquat. A chacun d'approfondir et de compléter par une recherche personnelle le style particulier ou le genre qu'il préfère.
Pourquoi se limiter à présenter uniquement et en quelques lignes les manufactures de Meissen et de Sèvres alors qu'il y a tant à dire et aussi tant de manufactures ?
Aux XVIIe et XVIIIe siècles les "droits d'auteurs" étaient inconnus, aussi les formes et les motifs décoratifs circulaient librement ainsi que les idées. Les nombreuses petites manufactures allemandes et même les prestigieuses comme Vincennes et Sèvres à ses début imitèrent Meissen.
A partir de la motié du XVIIIe siècle toutes s'inspirèrent des formes et des décors français. Dans certaines fabriques on alla jusqu'à copier littéralement des modèles des grandes manufactures.
Depuis des siècles, les artistes s'influencent les uns les autres. L'art est un phénomène international depuis les temps les plus reculés.
Copier n'est pas une fin en soi, mais c'est une bonne école. Ayant appris grâce aux grands maîtres du passé on peut passer à la création.

# La Chine

La céramique est le nom qui réunit tous les produits de terre dont la forme a été fixée par la cuisson. La poterie, la faïence, le grès et la porcelaine sont les diverses branches des arts de la terre et du feu.
La porcelaine est le produit le plus raffiné parmi les matériaux céramiques. Elle est composée de deux éléments principaux: le kaolin, argile blanche, malléable, fusible, et le feldspath, également fusible qui lui donne la translucidité. Des minéraux pierreux, tels que le quartz, servent de liant.
Le kaolin, élément essentiel pour la fabrication de la vraie porcelaine, tient son nom du gisement de Kaoling, province de Jiangxi en Chine.

L'art de la céramique en Chine date du néolithique. Son développement est lié à la fabrication du bronze, qui contribua à améliorer les techniques de cuisson à haute température. On réussit à liquéfier des argiles feldspathiques et probablement du kaolin pour obtenir des porcelaines extrêmement dures, appelées "protoporcelaines" (vers 1250 avant J.-C.).
La glaçure, enduit vitrifiable, qui rend les céramiques imperméables, évolue et s'améliore. Au début de notre ère apparaissent les glaçures plombifères, vers 200 ap. J.-C. est inventée une nouvelle glaçure de couleur gris-vert. Cette porcelaine connaîtra un grand succès lorsquelle sera importée en Europe. C'est le céladon qu'on utilise et apprécie toujours beaucoup.
La vraie porcelaine, blanche, pure et translucide, apparaît entre 600 et 800 ap. J.-C. (dynastie Tang). Au début c'était un produit qui ressemblait à un grès blanc. Toutefois, là où les matériaux employés étaient plus appropriés, il devint évident que c'était une matière nouvelle et remarquable.
A la même époque l'oxyde de fer et l'oxyde de cuivre furent utilisés pour la première fois comme colorants. Avec les bruns et les verts ainsi obtenus paraissent les premières peintures polychromes, réalisées "sous couverte": des pivoines, des dragons et des phénix.
Les glaçures jaunes, marron, vertes et bleues, très employées à l'époque Thang, déterminent un style connu sous le nom de Sancai ou "trois couleurs".
La dynastie des Song (960-1127) apporta de nouveaux progrès techniques. Les glaçures et les colorants furent améliorés, ce qui produisit une grande variété de décors. Des poissons, des oiseaux, des fruits et des fleurs sont les motifs préférés.
De grands changements survinrent à la chute des Song. L'invasion mongole eut pour conséquence un appauvrissement économique général, l'industrie céramique dut alors chercher des

*Ce genre de décors était réalisé en exécutant le motif en relief ou par incision dans le tesson pour éviter le mélange des émaux. Après avoir marqué les contours on appliquait les glaçures, dans ce cas jaunes et vertes. Le dragon est plein de significations symboliques. Il représente l'être humain à la recherche de la perfection: s'étant détaché de l'eau il poursuit pour l'atteindre une perle de feu, son âme. C'est le symbole de l'empereur qui évoque aussi l'idée de pluie et de fertilité.*

*Le phénix (fong-hoang) est l'apanage de l'impératrice et annonce un heureux événement.*
*Pour réaliser ce décor "sous couverte" (émail de la porcelaine), il faut tracer les contours du motif à la plume avec une teinte soutenue de vert, la colorer en vert clair et la fixer par une cuisson. La deuxième étape du travail consistera à poser la couleur du fond (jaune), et à faire éventuellement des retouches pour accentuer les teintes des motifs puis recuire la pièce.*

marchés à l'étranger et s'adapter aux goûts des différents clients.
L'immense empire mongol, qui s'étendait de la Corée jusqu'à la Galicie, facilita l'expansion de la porcelaine chinoise. Le commerce se faisant principalement par voie de mer, les manufactures des provinces côtières du sud en profitèrent le plus.
A l'époque de la dynastie Yuan (1271-1368), Jingdezhen était le plus grand centre de fabrication de porcelaine. Une manufacture travaillait pour les besoins de la cour impériale et de l'administration, et d'innombrables ateliers fonctionnaient pour l'exportation.
L'oxyde de cobalt, importé du Proche-Orient, probablement d'Iran, fut employé pour la première fois pour peindre sous couverte. De nouveaux décors d'un dessin plus vigoureux contrastent avec la blancheur de la porcelaine parfaitement épurée et portent au succès le "bleu et blanc".
Avec la défaite des Mongols, une nouvelle dynastie d'origine chinoise, les Ming, s'empare du pouvoir (1368-1644). Après une période de désordres et de désorganisation, la fabrication de la porcelaine fut reprise.

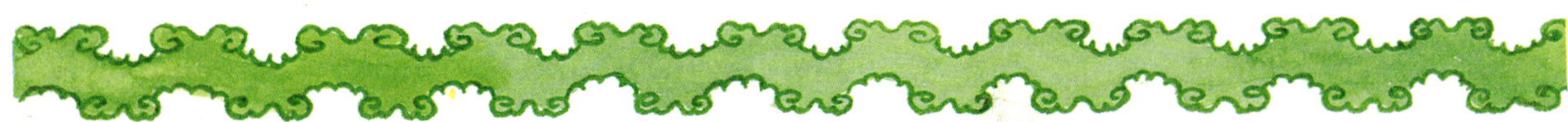

Le nouveau régime accorde toute sa protection à cette industrie et bientôt Jingdezhen retrouve son importance. Le décor "bleu et blanc" atteint la perfection. En outre, on introduisit des émaux pour peindre sur glaçure, fixés par cuisson à basse température. La palette Wucai ou "cinq couleurs", composée en fait de six à sept couleurs, permit le développement d'un nouveau style connu sous le nom de "famille verte".
Le déclin des Ming, des troubles divers et la guerre eurent pour conséquence l'occupation de la Chine par les Mandchous. A Jingdezhen ce fut la débâcle, les ateliers furent en grande partie détruits et les ouvriers et les peintres s'enfuirent.

La dynastie des Qing (1644-1911) décida de remettre sur pied l'industrie porcelainière en ayant recours à des intendants doués et énergiques. Grâce à eux les règnes de Kangxi (1662-1722), Yonzheng (1723-1735) et Qianlong (1736-1795) atteindront un point culminant dans l'histoire de l'art de la porcelaine.
Le pourpre, découvert par le physicien Cassins au XVIII^e^ siècle, fut introduit par les missionnaires jésuites en Chine. Il entra aussitôt dans la palette des artistes chinois et commença à dominer dans le mélange des tons. Les porcelaines de cette période sont connues sous le nom de "famille rose".
La perfection technique et artistique est atteinte. Les XVII^e^ et XVIII^e^ siècles sont l'âge d'or de la porcelaine en Chine.

*Aile d'assiette de la famille rose. Le cartouche (espace occupé par la pivoine) est repris six fois. Les espaces entre les cartouches sont souvent décorés de motifs différents, mais il n'y a aucun inconvénient à unifier le bord.*

## Les formes

Les récipients chinois sont remarquables par la sobriété des lignes et l'élégance des volumes. Au début, les formes étaient très simples.
L'évolution du progrès technique permet une recherche croissante et aboutit à un répertoire aussi varié que riche.
Le nombre des formes présentées est très limité. Il tient compte dans une certaine mesure de celles qui peuvent être trouvées aujourd'hui dans le commerce.
Savoir reconnaître la ligne caractéristique de la porcelaine chinoise aide à choisir le décor qui convient à une pièce.
Aux élégants vases balustres à large col, aux vases ovoïdes, carrés ou octogonaux à couvercle, aux bouteilles à parfum et bols à infusion, il faut ajouter les grands bols et les plats creux, pour le riz et les viandes, ainsi que les divers types d'assiettes.
Les assiettes sont de trois sortes selon le bord: à aile lisse et droite, à festons simples et réguliers (le feston aurait été inspiré par les pétales de chrysanthème) et un troisième type d'aile où le feston est remplacé par des accolades.
Le décor des vases se fait par panneaux ou, lorsqu'ils sont ovoïdes, le sujet principal est posé sur le corps appelé aussi panse. Le col, l'épaulement et le pied portent des motifs stylisés ou géométriques.
Le bassin et l'aile des assiettes sont quelquefois très richement décorés: on a pu compter jusqu'à sept bordures différentes sur une aile d'assiette.

## Le décor

La peinture chinoise sur porcelaine reflète le respect de la tradition et de l'oeuvre des grands peintres.
Les motifs, les teintes, les compositions sont empruntés à la peinture sur soie et sur papier. D'ailleurs en Chine, s'il n'existait pas d'écoles de peinture comme aujourd'hui, il y avait dès le XVIe siècle des ouvrages complets et détaillés qui en expliquaient les diverses techniques, illustrés par d'innombrables exemples et dessins, tous de précieux modèles. La gravure sur bois, art très florissant en Chine a également exercé une grande influence sur les décors de la porcelaine en lui fournissant de nombreux modèles.
Au point de vue technique deux styles principaux se dégagent. Le premier est plus attentif aux détails et les motifs contournés par le trait caractéristique à l'encre de Chine se détachent bien.
Le second qui apparaît vers 1630 est la peinture "sans os" appelée ainsi à cause de l'absence de dessin à l'encre. Le sujet est traité uniquement par la couleur.

Lorsqu'on observe les porcelaines chinoises on est frappé par l'habileté de l'exécution. Le décor était confié à des artistes très capables ou, dans la fabrication en série, à des artisans qui par la répétition du même détail ou du même décor arrivaient à la maîtrise du sujet. Ces excellents artistes, profitant des oeuvres, des techniques, de l'art des grands peintres du passé et du présent, composaient sur les pièces des scènes et des motifs décoratifs d'une grande diversité: depuis les décors légers et extrêmement dépouillés jusqu'aux décors chargés, exigeant de la précision, voire de la virtuosité, ou encore des scènes avec de nombreux personnages.
Le répertoire décoratif est d'une richesse infinie.
La calligraphie, utilisée seule sur des porcelaines, peut paraître le décor le plus simple. La structure des caractères, la qualité du trait et de l'exécution en font oeuvre d'art à part entière.
En outre, disposés en lignes verticales, ils sont chargés

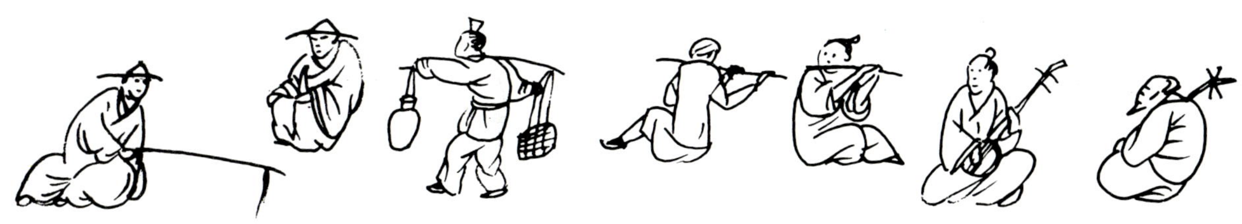

de poésie: ils transmettent des souhaits, des sentences et de petits vers. Le décor calligraphique accompagne aussi des sujets figuratifs, comme dans la peinture sur papier et sur soie.
La nature est une source d'inspiration intarissable.
La représentation de plantes et de fleurs, d'insectes et d'oiseaux occupe une place importante. De plus, les végétaux, plantes, fleurs et arbres ont leur langage.
Les paysages sont également un des grands thèmes.
Quelquefois des paysans au travail, des pêcheurs et des bûcherons les animent. C'est aussi le décor dans lequel se promènent des penseurs, des savants ou des saints taoïstes.
La représentation humaine peut prendre un rôle primordial. Sur certaines pièces se déroulent des batailles, des tournois, des événements historiques ou légendaires, des cérémonies religieuses. Sur d'autres se sont des danses, des fêtes, des jeux d'enfants et souvent des femmes, belles et élégantes, jouant de la flûte, de la cithare ou se promenant dans de merveilleux jardins.
On est à la fois étonné et ébloui par l'imagination sans limite de ces créateurs.
Les formes deviennent de plus en plus compliquées, allant de la miniature au gigantisme. On essaie d'imiter d'autres matériaux comme le bois ou le brocart. La palette, trop colorée, manque quelque peu d'harmonie. Les motifs, déjà très élaborés, se répètent et la monotonie finit par s'installer. On arrive à la fin du XVIIIe siècle pour entrer dans une période de déclin de la porcelaine chinoise.

*Branche fleurie et papillons repris d'un bol de l'époque Kangxi. La branche est peinte dans le style "sans os", tandis que les papillons sont exécutés avec une précision qui se rapproche de celle du style gongbi caractérisé par un tracé méticuleusement détaillé.*

*Dynastie des Ming (Wanly 1573-1620). Bol décoré de médaillons à fleurs et à fruits dans le style doucay. Le tracé, très fin, est en bleu sous couverte. Après la cuisson le motif est coloré avec du rouge de fer, du jaune et du vert.*

# Conseils techniques

Les motifs proposés sont très simples et utiles pour aborder les techniques de base.
— Reproduire les motifs à main levée (crayon Stabylo 8008) ou en décalquant. Dans les deux cas le tracé obtenu doit être le plus léger possible.
— Préparation de la couleur pour un tracé à la plume:

- déposer sur la palette (carreau en faïence ou en verre) un peu de couleur bleue foncée;
- ajouter la valeur d'un sixième (de la couleur) de sucre en poudre, mouiller avec de l'eau, travailler avec le couteau à palette; obtenir un mélange lisse et souple;
- tracer avec une plume à dessin (plume atome) quelques lignes. Laisser sécher la couleur quelques minutes et frotter avec le doigt; si le tracé s'efface ajouter au produit un peu de sucre.

— Pour colorer les motifs, préparer l'une après l'autre les couleurs:

• sortir sur la palette la quantité nécessaire de couleur, mouiller avec de la térébenthine et travailler en contour; obtenir une pâte bien lisse, y incorporer un peu d'essence grasse; le mélange doit être fluide;

• prendre la couleur avec un pinceau en le remplissant suffisamment et poser la couleur aux endroits voulus. Il faut savoir et se souvenir que le rouge et le jaune peuvent voisiner mais ne supportent pas le mélange ni la superposition. Dans le cas des litchis, le tracé rouge sur l'original est presque complètement "mangé" par le jaune. Si on veut en avoir trace il faut employer un rouge de fer très intense en mélangeant à la couleur claire un peu de violet de fer (rouge violacé).

Certains fruits, fleurs, arbres et animaux qu'on retrouve fréquemment sur les porcelaines chinoises ont des significations symboliques. Le premier sujet ci-contre, en haut représente la pêche chinoise t'ao. Celui qui en mange, selon les croyances taoïstes, gagne l'immortalité (l'arbre donnerait des fruits une fois tous les trois mille ans!) et ce fruit représente aussi l'emblème du mariage.

*Dynastie Qing (Yongzheng 1723-1735). Tasse à infusion style doucay. Tracé bleu sous couverte; couleurs: jaune, rouge, rouge très foncé (aubergine) et vert. Les trois fruits, le citron main de Bouddha, le litchi et la grenade, représentés ensemble, sont appelés les Trois Abondances et symbolisent le bonheur, la longévité et la fertilité.*

*Le motif avec les volubilis est toujours de même style mais provient d'une autre pièce.*

En association avec la grenade et le citron main de Bouddha il forme aussi les Trois Abondances.
Le motifs symboliques étaient souvent employés pour le décor des porcelaines. Les huit signes bouddhistes représentés ont les significations suivantes:

1. Roue, symbole de la doctrine et de la métempsychose.
2. Noeud mystique, symbole de longévité.
3. Poisson, symbole de fécondité.
4. Vase sacré, contenant l'élixir de vie Amrita.
5. Lotus, symbole de pureté.
6. Baldaquin, symbole de l'empereur.
7. Parasol, symbole de la dignité.
8. Coquille, symbole de la voix de Bouddha.

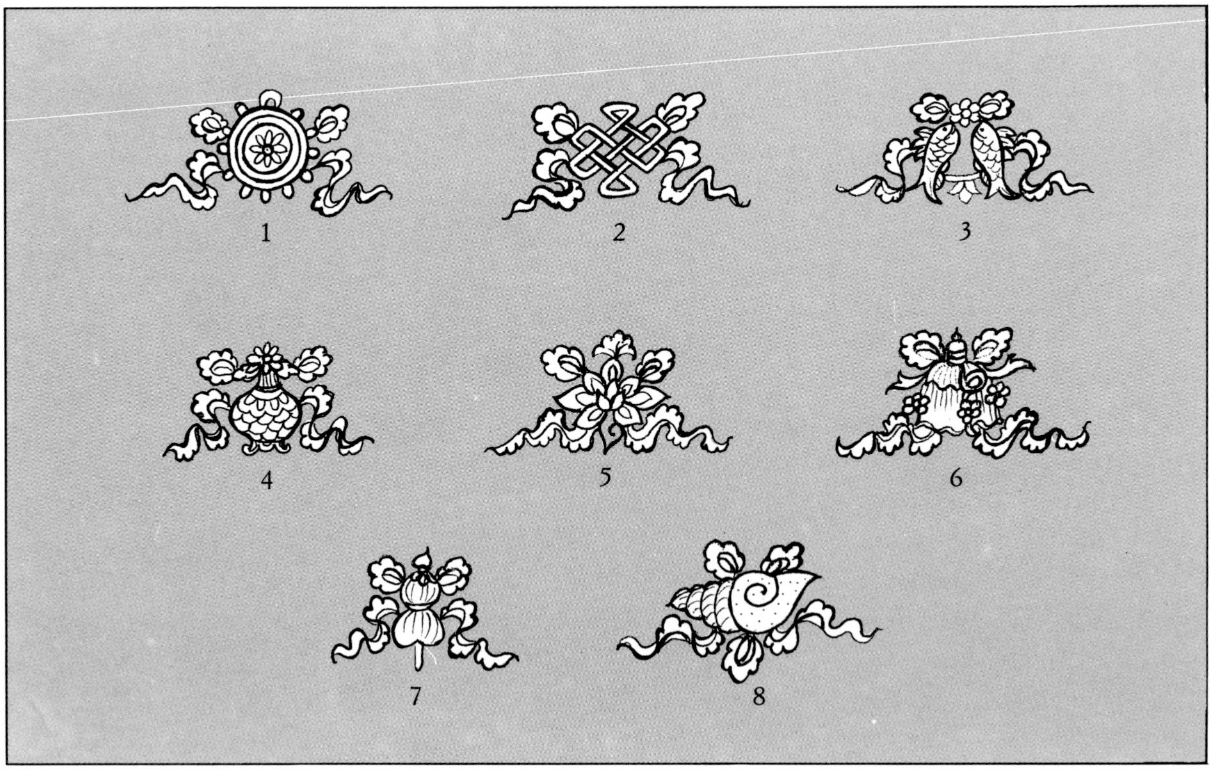

1 2 3

4 5 6

7 8

# FAMILLE VERTE

**Période Kangxi (1662-1722)**

La famille verte est caractérisée par les tonalités vertes qui dominent le décor, d'où son nom. Ce sont des émaux transparents allant du vert pâle et léger à des tons sombres et profonds. On appliquait des émaux sur la couverte en couche plus ou moins épaisse, selon la valeur à obtenir, aussi forment-ils un léger relief que l'on sent au toucher. La palette est en outre composée de bleu sur couverte souvent un peu violacé, de jaune, de manganèse utilisé pour les contours. Le noir est utilisé également pour tracer ou colorer les cheveux des personnages. Le noir et le rouge de fer employés ne sont pas des émaux mais des couleurs à peindre, elles sont par conséquent mates et n'ont pas de relief.
A la même époque furent produites des pièces à fond noir qui forment la "famille noire". Les motifs sont peints dans des espaces réservés en blanc. Le contraste avec le fond donne encore plus d'éclat aux émaux et aux couleurs.
On fit également des fonds jaunes et verts, et des motifs

en or font leur apparition surtout sur les fonds en émail noir.
Ce plat de la famille verte a été exécuté avec des émaux en relief de couleurs vertes. Si on veut réaliser des sujets suivant cette technique il faut

acheter des émaux colorés prévus pour cet usage ou bien un émail spécial à mélanger aux couleurs. Il se présente comme une poudre blanche, mais il est transparent.
Utilisation des émaux de type chinois:

1. Émaux colorés: mouiller avec de la térébenthine, ajouter une pointe d'essence grasse. Le produit doit être très liquide et on l'étale rapidement avec un pinceau à décor à touffe longue.
2. Mélanger moitié émail blanc transparent, moitié couleur et procéder comme précédemment. Ne pas mélanger les rouges de fer et le noir avec de l'émail.

*A l'introduction du pourpre de Cassius, le rouge fut employé dans le décor et il y a une période de transition appelée rose-verte. Le bord présenté ci-dessous en est un exemple. Remarquer également les formes des cartouches qui représentent des fruits. Les cartouches peuvent avoir aussi des formes de feuilles.*

# FAMILLE ROSE

### 1722, à nos jours

Vers 1720, une nouvelle teinte fit son apparition dans le décor de la porcelaine chinoise: le rose. Le pourpre de Cassius donnait la possibilité d'obtenir des nuances allant du rose pâle au rubis intense. Une autre couleur, le blanc mat d'arsenic, mélangée aux diverses couleurs, permit de produire une variété infinie de tons. Après des essais et des tâtonnements la palette fut maîtrisée. Parmi les couleurs qui sont très tendres le rose domine. Ce style est caractérisé aussi par des motifs qui sont exécutés avec grand soin et minutie ainsi que par la richesse des décors.

*Les chauves-souris, souvent présentes sur les porcelaines, sont un symbole de bonheur et de fortune.*

*Conseils techniques: les fruits, des pêches chinoises, ont été réalisés en jaune et carmin, ombré de pourpre. Les couleurs sont compatibles. Peindre les fruits un à un: poser la peinture et putoiser légèrement pour unifier la surface. Nettoyer les bavures.*

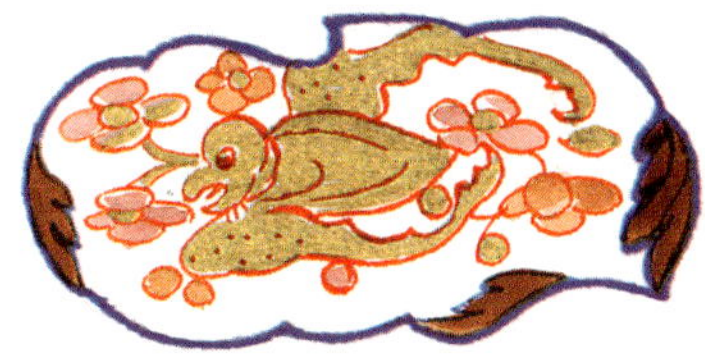

*Conseils techniques: ce bord est réalisé à la plume "grasse". Préparation de la couleur: mélanger la couleur avec très peu d'essence grasse afin d'obtenir une pâte "sèche", à peine luisante. Ajouter une goutte d'essence d'eugénol (clou de girofle) et enfin diluer avec de l'essence de térébenthine pour pouvoir tracer. La plume "grasse" doit subir une cuisson si on veut appliquer en plus des couleurs.*

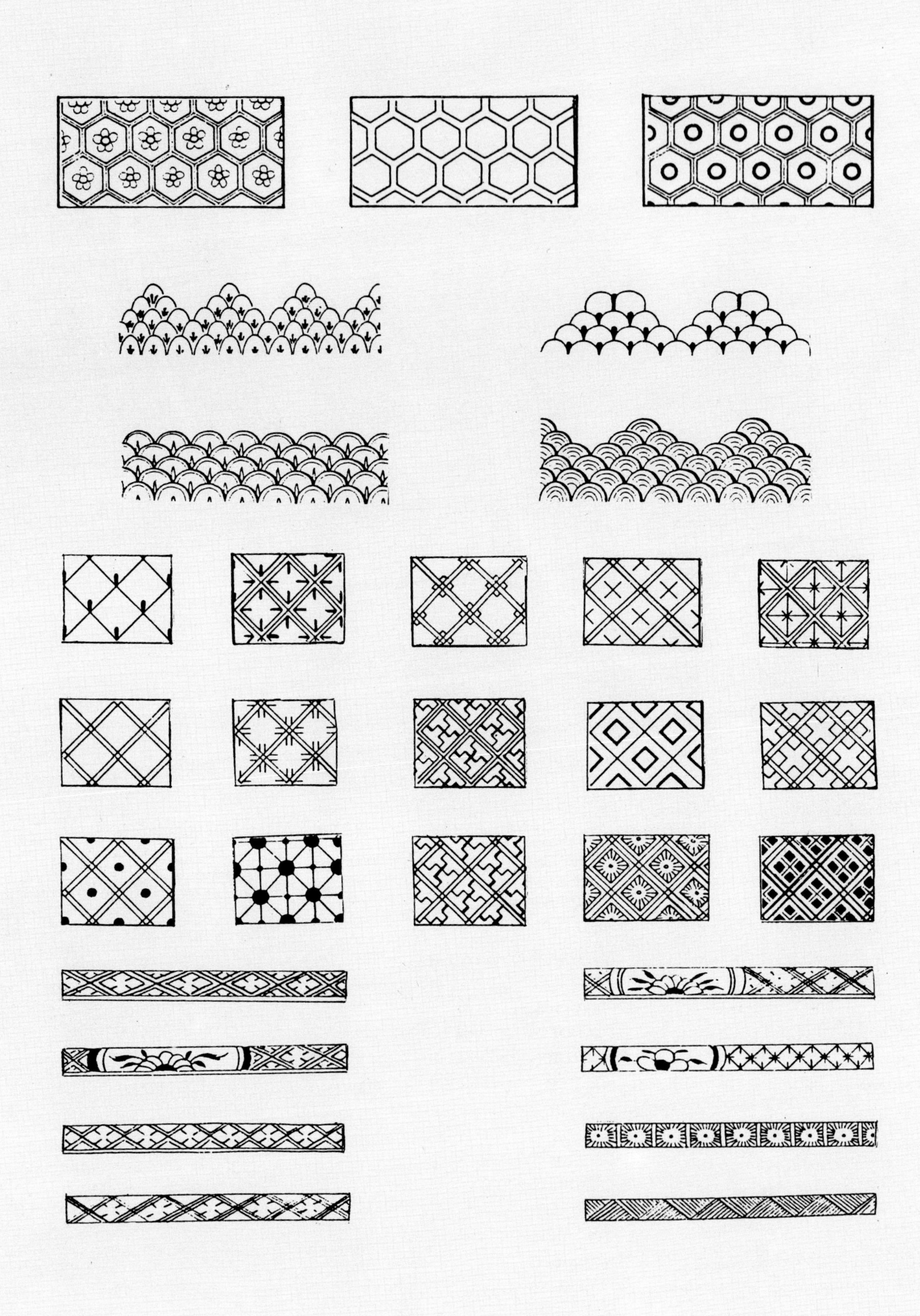

# Le Japon

Motif Kakiemon.

Cela peut paraître curieux, mais au Japon l'art de fabriquer la porcelaine fut importé. Il y a plusieurs versions sur la personne qui l'introduisit la première fois. Selon certaines sources, Gorodayu Go Shonzui, dont on ignore les origines, aurait travaillé à Jingdezhen (ville chinoise que certains auteurs nomment aussi King To Tchen) puis, ayant appris le métier, il serait passé au Japon. Il ne reste aucune trace de l'atelier qu'il aurait installé en 1511 dans les environs d' Arita.
Une autre version désigne comme premier producteur Takahara Goroshichi, Coréen ou Chinois, qui se serait établi aussi dans la région d' Arita.
Selon une troisième thèse, c'est un Coréen qui introduisit la fabrication de la porcelaine. A la fin du XVIe siècle, Hideyoshi, souverain du Japon, voulut conquérir la Chine et commença les hostilités par des expéditions en Corée. Cette guerre n'eut pas les résultats espérés et l'armée japonaise dut se replier.
Un des chefs militaires, le daimyô Naoshige Nabeshima, ramena un certain nombre de potiers coréens afin de développer l'industrie céramique dans sa province. L'un d'entre eux, Ri Sampei, dont l'existence est bien prouvée, créa un atelier à Arita et quelque temps plus tard trouva dans la région de la terre à porcelaine.
La découverte du premier gisement de kaolin en 1616 est considérée comme le début de la production de porcelaine au Japon.
Arita réunissait toutes les conditions nécessaires pour le lancement de l'industrie porcelainière. La province était riche en bois et en forces hydrauliques; elle s'avéra aussi être l'unique au Japon à posséder des gisements de kaolin.
La voie maritime pour l'exportation vers les autres provinces et l'étranger était assurée par le port d'Imari, si bien que la porcelaine japonaise finit par être connue partout sous le nom d'Imari.
La maison Nabeshima prit des mesures pour garantir la prospérité de cette nouvelle industrie et pour éviter le déboisement de la province.

*La manufacture de Nabeshima continue toujours à produire de la porcelaine de très belle qualité. Cette assiette est réalisée d'après un motif Nabeshima. Conseil technique: recouvrir de vernis à réserve les fleurs, les feuilles et la roue et putoiser les fonds colorés. Enlever le vernis avant la cuisson.*

Le nombre d'ateliers fut limité à cent cinquante-cinq. Les ateliers les plus connus autour d'Arita sont ceux de Ri Sampei à Arita même, du Coréen Shinkai Soden hors de la ville, les ateliers des Kakiemon à Nangawara-Yama. La maison Nabeshima créa une manufacture pour les besoins de sa cour et pour la confection de présents réservés au shogoun et autres princes féodaux.
Tous ces ateliers ne dépassaient pas la taille d'une entreprise artisanale.
Les Nabeshima, par exemple, n'employaient pas plus d'une trentaine d'ouvriers.
Les conditions de travail restèrent identiques jusqu'à la fin du XIX^e^ siècle.

*Détail d'un motif dans le style Imari. Conseil technique : exécuter le travail à l'or après la cuisson du fond coloré. La cuisson suivante ne doit pas dépasser 700 °C pour la bonne réussite de l'or.*

Quel contraste avec la ville de Jingdzhen qui, au XVIII^e^ siècle, comptait trois mille fours et un million d'habitants vivant de la fabrication de la porcelaine! L'organisation du travail était aussi différente. En Chine, il y avait une grande division et spécialisation et même, à Jingdezhen, aurait été appliqué le principe de la chaîne. Au Japon, la spécialisation se faisait surtout par entreprise.
A Arita, par exemple, existait la ruelle des Peintres, ainsi appelée à cause des onze et, plus tard, seize maisons de peintres émailleurs chez qui les différentes manufactures apportaient leur production de porcelaine à peindre.
L'art de l'émaillage et de la peinture était le secret jalousement gardé par chaque artiste. Les peintres n'avaient le droit de divulguer leurs procédés qu'à leur fils aîné. Celui qui n'avait que des filles transmettait son savoir à l'une d'entre elles et celle-ci devait obligatoirement épouser un peintre sur porcelaine. En 1928, un incendie détruisit les ateliers et cette tradition se perdit.
L'art de produire, émailler et peindre la porcelaine était très prisé. Pour en donner un exemple on peut citer le cas de Soeda Kisaemon, plus connu sous le nom de Kakiemon, qui avait étudié le céladon et réussit à en produire d'excellente qualité. Les Nabeshima lui attribuèrent le titre de teakiyari, titre accordant le statut de samouraï.
Au début, la peinture sur porcelaine fut naturellement influencée par celle pratiquée en Chine et les premiers décors étaient du "bleu et blanc". Les premiers résultats furent assez décevants, car le cobalt japonais n'était pas de bonne qualité et il fallut en importer de Chine. Mais ce qui aurait donné le véritable essor du décor sur couverte fut l'arrivée de peintres chinois, provoquée par la conquête de la Chine par les Mandchous (1644). Cette version, ainsi que les hypothèses sur les origines de la porcelaine au Japon, n'est pas prouvée avec certitude. Mais les désordres en Chine eurent d'incontestables conséquences: la fabrication de la porcelaine étant pratiquement interrompue en Chine, les marchands étrangers passèrent leurs commandes au Japon provoquant ainsi une augmentation considérable de la production et faisant connaître partout l'oeuvre japonaise.
La majeure partie des ateliers travaillait pour le marché public et l'exportation, toutefois il existait quelques manufactures dont la production n'était pas uniquement orientée à des fins commerciales. L'une, celle des Nabeshima, avait pour objectif la qualité et réalisa une production remarquable, mais le manque de rentabilité l'obligea à avoir une production parallèle destinée à la vente.
De nouvelles manufactures, placées sous la protection d'autres daïmyôs, avaient été créées dans d'autres provinces et connurent des moments de célébrité au cours des XVIII^e^ et XIX^e^ siècles.

Grâce à l'exportation, la porcelaine japonaise, comme la porcelaine chinoise, se répandit et fut connue partout. Au début du XVIII^e^ siècle en particulier elle exerça une influence importante sur la porcelaine européenne naissante.

*Motif dans le style Imari.*
*Conseil technique: il n'est pas nécessaire de tracer à la plume les feuilles et les tiges bleues. Elles seront détaillées à l'or après la cuisson. Faire les feuilles en or, laisser un espace blanc au milieu. Les contours et les nervures en rouge seront faits après cuisson.*

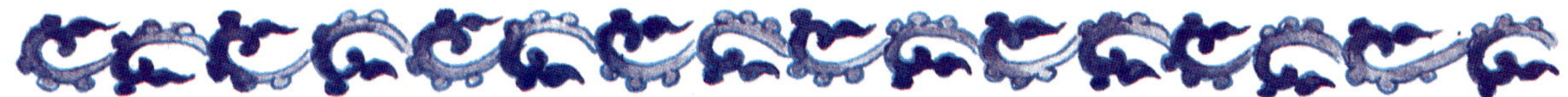

## Les formes

L'introduction de la porcelaine au Japon se fit à un moment particulièrement favorable à son développement rapide.
Il amène aussi un changement conceptuel dans l'art japonais. La tradition du pays en ce qui concerne les ustensiles d'usage quotidien était la simplicité. Cela venait de l'influence du bouddhisme zen et aussi de la "cérémonie du thé", une institution minutieusement réglementée. Les potiers coréens qui donnèrent le départ à la fabrication de la porcelaine introduisirent aussi le style coréen, qui la marquera à ses débuts.
Vers 1640, les Hollandais reçurent l'autorisation d'installer leur comptoir commercial sur la petite île artificielle de Deshima (ou Dejima) en face de Nagasaki. Sa proximité avec Arita et l'affluence de la porcelaine Ming contribua à l'instauration du style chinois. D'ailleurs les événements se précipitèrent et les ateliers japonais furent appelés à remplacer la Chine qui, en plein chaos politique, ne pouvait plus satisfaire les commandes des marchands étrangers. Il fallut composer avec la demande et rapidement l'éventail des formes s'agrandit. Toutefois, vers la fin du XVIIe siècle un style spécifiquement japonais apparaît dans la forme.
Une de ses caractéristiques est la présence marquée de formes anguleuses et à facettes. Un autre trait découle du culte de la nature au Japon. Dans le répertoire des plats et des coupes on peut voir combien les formes évoquent les fleurs.
Plus encore ce culte inspire l'application de reliefs: modeler en porcelaine des branches fleuries pour garnir des pièces. Cette idée eut un tel succès qu'elle fut aussitôt adoptée par les manufactures européennes.
Si, initialement, les ateliers japonais s'étaient inspirés des porcelaines chinoises, en Chine on commencera à adopter les formes et le style nippon qui jouissaient d'un grand prestige et pour lesquels il y avait une forte demande. Deux siècles plus tard nous en subissons encore l'attrait et ceux qui désirent s'en inspirer peuvent trouver les formes qui conviennent aux décors japonais soit en porcelaine blanche, soit en céladon.

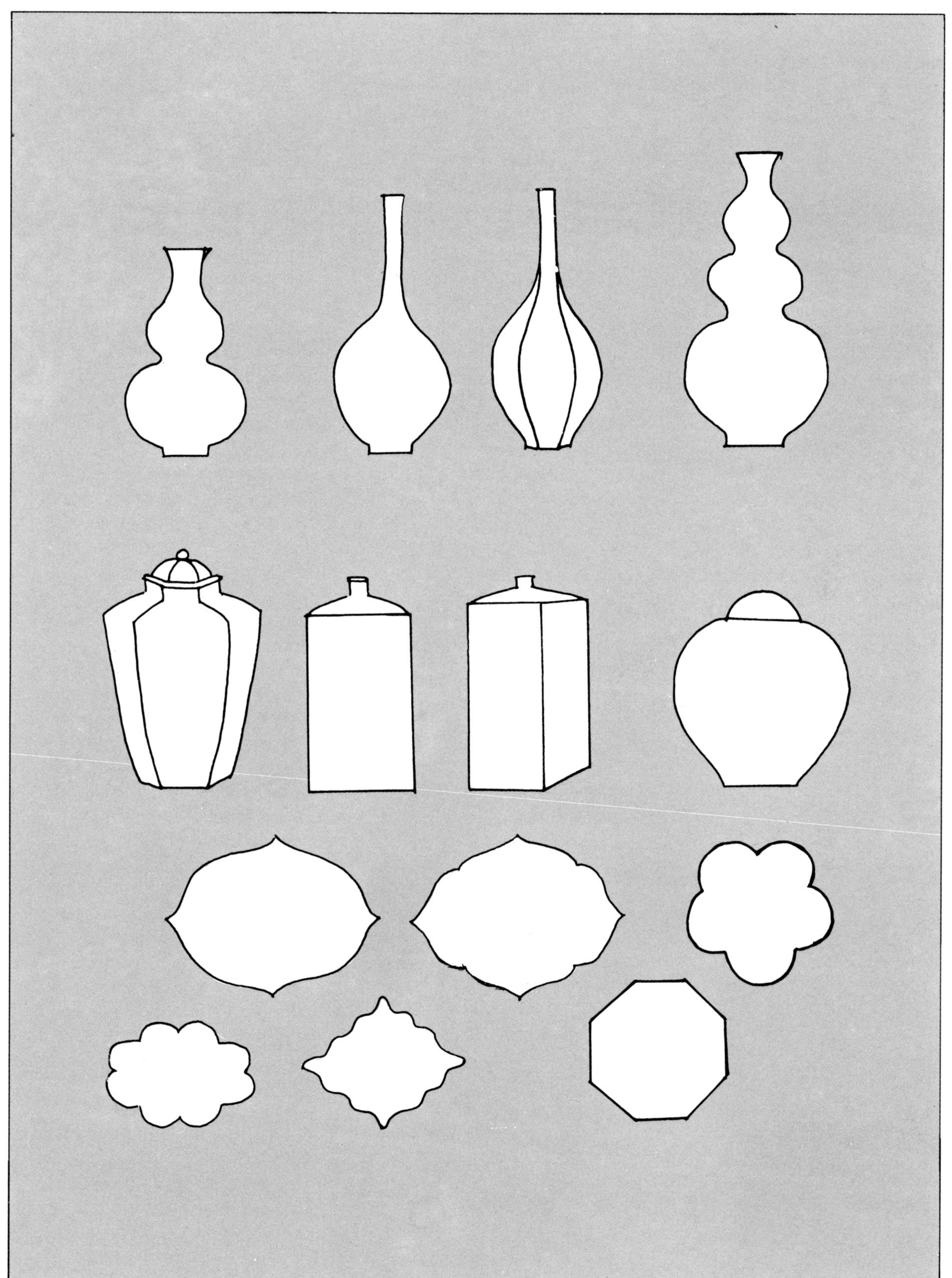

# Le décor

*Imari en style de brocart.*

Les décors pratiqués dans les manufactures japonaises subirent les mêmes influences et eurent le même développement que les formes pour aboutir à un style propre.
Le bleu et blanc en Chine avait atteint la perfection à l'époque des débuts de la fabrication au Japon.
La peinture sur porcelaine au Japon commença véritablement par les décors au bleu de cobalt sous couverte. Lorsque la Chine fut déchirée par des guerres les manufactures japonaises ont dû faire face aux commandes soit du monde islamique, soit d'Europe.
La palette se limitait au bleu, quelquefois souligné par des contours manganèses (brun foncé). Le décor est à base de subdivisions des fonds en bandes larges et étroites. La bande large est décorée soit d'un motif végétal stylisé, soit d'un motif figuratif; les bandes étroites sont occupées par des motifs géométriques ou des branchages fleuris stylisés et symétriques.
Le kakiemon est un nom des plus connus en ce qui concerne la porcelaine orientale. C'est avant tout le nom d'une famille dont la treizième génération dirige actuellement la manufacture créée au début du XVIIIe siècle. C'est le premier atelier au Japon qui introduisit la peinture sous couverte. Il se caractérise par une palette où prédominent le bleu émail clair et un rouge de fer si tendre que c'est presque un orange. Parfois, il y a aussi du vert bleuâtre, du vert pré très frais et du jaune pâle. L'or était utilisé avec une grande économie. Les motifs sont principalement des plantes et des animaux, rarement des paysages et des personnages. Sans imiter ce qui se faisait en Chine, leur décor était typiquement japonais, d'un style spontané et plus personnel tout en étant stylisé.
Le style brocart est connu aussi sous le nom d'"Imari", nom du port d'où partaient les exportateurs de la production de la région d'Arita. Surdécoré de motifs en or, la richesse et l'éclat de ce genre convenaient tout à fait au goût baroque européen et il fut largement apprécié. Des pièces de toutes sortes furent décorées dans ce style dont certaines, les vases en particulier, sont d'une taille considérable. Somptueux et très voyant, le décor est dominé par trois couleurs: le bleu de cobalt pour l'émail,

*Imitation de motifs chinois bleu et blanc.*

*Bordure Imari rouge et or.*

*Le tigre est le roi des animaux à quatre pattes. Remarquer les proportions de la queue. L'une des caractéristiques de la peinture japonaise réside dans la tendance à la stylisation ornementale et les queues des oiseaux et des tigres ont des dimensions exagérées dans un but décoratif.*

le rouge de fer et l'or. Il y a toutefois beaucoup de pièces exécutées avec une palette plus riche et subtile. Les motifs décoratifs sont puisés dans tous les sujets: fleurs et arbres, oiseaux et papillons, paysages, scènes, animaux d'une facture très minutieuse. Les principaux thèmes du décor ont déjà été présentés dans le chapitre sur la porcelaine chinoise. Cette similitude est due au fait que les deux civilisations sont très proches, les relations entre la Chine et le Japon se perdent dans la nuit des temps et il est naturel que les sources du répertoire des décors soient communes: les animaux fabuleux, les symboles, les signes, les goûts esthétiques en général.

Au Japon comme en Chine les arts plastiques et appliqués étaient étroitement liés. Il y avait également des manuels très précis pour les artistes peintres. L'oeuvre des grands peintres japonais aboutissait à une expressivité maximale au gré de l'asymétrie qui mettait en valeur toute la composition. On retrouve ce concept en porcelaine et on ne peut pas ne pas ressentir l'impact de ces espaces vides ou presque vides qui valorisent les sujets tout en donnant une impression de sérénité et d'équilibre.

*En Chine le style Imari fut imité. Cette assiette reproduit un motif Imari chinois.*

# COMPAGNIES DES INDES

Les distances et les terres inconnues ne faisaient pas peur aux hommes courageux et entreprenants, aussi est-il difficile d'établir à quelle époque remontent les contacts avec les pays d'Extrême-Orient.

Il est connu que sous l'Empire romain on appréciait beaucoup la soie qui venait de Sérigue ou pays de la soie. La soie devait, d'ailleurs, rester l'intérêt principal des échanges au cours des siècles. Le transport se faisait par voie terrestre et les caravanes romaines rencontraient celles des marchands venant de l'Inde sur les bords de l'Iaxarte (aujourd'hui Syr-Daria). La route de la soie était loin d'être sûre et pour éviter des zones à certaines époques très dangereuses, on empruntait des voies maritimes. Sous la dynastie Tang (618-906) le commerce était si actif, que l'Office des jonques, créé à Canton, fut chargé du contrôle du trafic maritime et de l'établissement des taxes. En 1271 Marco Polo traverse toute l'Asie et arrive en Chine. Il y passe seize ans comme haut fonctionnaire à la cour de Kûbilày Khan. C'est le premier Européen qui, dans les mémoires écrites à son retour, parle avec enthousiasme d'objets merveilleux faits dans une matière extraordinaire qu'il appela porcelaine. Une tradition voudrait qu'un vase en porcelaine blanche, appartenant au trésor de Saint-Marc à Venise, fut une

des premières pièces parvenues en Europe, apportée d'ailleurs par Marco Polo lui-même.
Les Chinois eurent, eux aussi, leur grand voyageur et explorateur, Zheng He (1371-1435), qui partit à la découverte de nouveaux mondes. C'était des expéditions impressionnantes: une douzaine de jonques, de véritables navires, transportaient plus de vingt mille personnes à la fois. Elles établirent dans tout l'océan Indien et jusqu'en Perse et en Arabie des rapports diplomatiques et surtout commerciaux, assurant la suprématie chinoise dans ce domaine. La porcelaine faisait partie des marchandises proposées et bientôt occupa la place principale de leurs exportations.
En 1497, Vasco de Gama, navigateur portugais, trouva la route des Indes par le cap de Bonne-Espérance. Malgré certaines hostilités, les Portugais réussirent à s'imposer et à établir des comptoirs à Malaga puis à Canton. Plus tard, ils reçurent de la Chine l'île de Macao comme base commerciale.
Dans ces ports, les Portugais avaient rencontré quelques rares Japonais, mais leur pays était totalement inconnu aux Européens. Ce n'est qu'en 1542 que trois Portugais sur une jonque chinoise s'échouèrent sur une île japonaise, Tanagashima.
Des rapports commerciaux s'établirent aussitôt avec Macao.
Les Espagnols, de leur côté, avaient colonisé en 1565 les Philippines et découvert les possibilités qu'offrait le Japon. Les marchands furent suivis par des groupes de missionnaires jésuites conduits par François Xavier et le christianisme s'imposa rapidement. La nouvelle religion ne plaisait pas à tous les souverains et après avoir été à plusieurs reprises invités à partir, les propagateurs de la doctrine chrétienne furent interdits et les étrangers durent quitter le Japon.
L'Empire nippon fut désormais strictement fermé à toute pénétration occidentale.
De nouveaux partenaires commerciaux arrivaient à la conquête des marchés asiatiques. Les Hollandais, que l'Espagne avait essayé de tenir à l'écart, avaient fondé en 1606 la Compagnie unie des Indes orientales, un organisme de négociants très énergiques et efficaces. Ils réussirent même à se faire admettre au Japon, uniquement sur l'île de Dashima, face à Nagasaki.
Toujours à la même époque, la reine Élisabeth d'Angleterre avait organisé la Compagnie anglaise des Indes, qui s'installa à Canton. Elle prit rapidement une telle importance que l'anglais

devint la langue des affaires entre Chinois et Européens. En France également, déjà sous Henri IV et Louis XIII, on essaie d'organiser le commerce et la navigation avec les Indes, mais avec moins de chance. En 1698, fut établi le premier comptoir français à Canton, mais la Compagnie fit faillite. Une nouvelle Compagnie des Indes orientales fut constituée en 1718 et le négoce connut un véritable succès.
La porcelaine chinoise était exportée depuis la dynastie Tang. Le "vert céladon" des Song et plus tard le bleu et blanc étaient largement répandus dans le monde de l'océan Indien et surtout au Proche-Orient, mais n'arrivaient que très sporadiquement en Europe. Les objets en porcelaine étaient si rares qu'à la fin du Moyen Age et au début de la Renaissance ils ne faisaient partie que des cabinets d'arts des grands princes. On attribuait même des vertus magiques à cette mystérieuse matière inconnue.
Les somptueuses montures de bronze et même d'argent dont on les sertissait montrent combien les objets de porcelaine étaient appréciés. A partir du XVIIe siècle, les navires des Compagnies des Indes débarquent des cargaisons entières de porcelaines dans les grands ports maritimes d'Europe et c'est la grande vogue de la chinoiserie qui commence. Rares sont les grandes familles au XVIIIe siècle qui n'ont pas leur service armorié. On passe des commandes pour des services entiers et la

porcelaine s'impose comme vaisselle de table. Ensuite, l'idée naît de commander des objets directement copiés sur des pièces de faïence et d'orfèvrerie d'usage à l'époque. Les Chinois copiaient avec une adresse extrême et s'inspiraient des gravures et peintures occidentales qu'on leur soumettait. Ainsi, on peut voir des porcelaines de la Compagnie des Indes à sujets religieux, mythologiques, galants et autres.

La mode des chinoiseries et japonaiseries ne devait s'éteindre en Europe qu'au début du XIXe siècle pour céder le pas au néo-classicisme.

# *La découverte de la porcelaine en Europe*

Jusqu'au XVIe siècle les objets de porcelaine appartenaient presque exclusivement aux princes et aux rois. C'était des dons des princes d'Orient ou bien, acquis à des voyageurs ou à des commerçants, ils étaient hors de prix, vu les difficultés et les dangers que présentait la traversée des espaces qui séparaient l'Europe de la Chine. La rareté et le mystère qui entourait cette substance inconnue avait même créé des mythes. Elle subissait, disait-on, une altération ou même volait en éclats mise en contact avec des poisons et, de toute façon, protégeait de certaines maladies. Ce pouvoir, qui tenait un peu de la magie, avait pourtant un fond de vérité: la dure porcelaine sous sa couverte imperméable était inaccessible aux microbes qui se logeaient facilement dans les craquelures de la fragile et poreuse faïence.

La porcelaine suscitait de véritables passions. Au cours du XVIIe siècle et au début du XVIIIe siècle des collections importantes furent rassemblées, dont celle du prince Condé, par exemple. Le prince électeur de Saxe, Frédéric-Auguste, atteint par la "maladie de la porcelaine" constitua une collection qui, aujourd'hui encore, est considérée comme l'une des plus riches au monde.

Les importations régulières de l'Extrême-Orient, grâce aux Compagnies des Indes, ne firent qu'augmenter l'engouement pour la porcelaine. Toutes les grandes familles et de plus en plus de gens aisés voulaient avoir leur service chinois, prenant exemple des rois. Entre le 10 juillet et le 16 septembre 1671, Louis XVI acquit de la porcelaine pour une valeur de neuf mille livres; Louis XV de son côté s'en procurait chaque année pour un demi-million. Si la porcelaine jouissait d'un immense prestige, elle représentait une énorme dépense et une fuite de devises. Partout on encourageait et subventionnait les recherches afin de percer le secret de sa fabrication.

Des recherches avaient été faites depuis longtemps, depuis le retour de Marco Polo, dont la description de la porcelaine avait frappé toutes les imaginations. Selon lui, pour obtenir la couleur et la transparence, les "terres" étaient tenues à l'air et à la lumière pendant trente à quarante années. Trois siècles plus tard, un juriste italien aux multiples intérêts, Guido Panciroli, transmettait une tradition qui venait des Anciens. Il fallait mélanger,

*Motifs dans le style Meissen.*
*Dans les cartouches sont représentées des scènes de négoce.*

*Meissen: chinoiseries.*

pour les faire tenir ensemble, des coquilles d'oeufs et des carapaces de langoustes en poudre et "d'autres choses semblables" avec une masse de gypse (plâtre) et les enfouir sous terre pour quatre-vingts années. Il ne fallait pas oublier, écrivait-il, de montrer le lieu exact à ses fils et petits-fils pour qu'ils puissent en faire des objets, etc.
Au XVI$^{e}$ siècle divers essais furent faits en Italie. A Venise une substance blanche et translucide fut obtenue, mais c'était une opaline qui fut appelée *latte di vetro.* D'autres essais, faits à la cour de Pesaro, à celles de Turin et de Ferrare, restèrent sans résultat et sans lendemain.
A Florence, François de Médicis, connu pour l'intérêt qu'il portait aux sciences, stimula de nouvelles recherches. Elles aboutirent à un produit qui n'était pas encore de la vraie porcelaine mais une pâte tendre. Quelques grands musées de Florence, Paris, Londres et New York conservent des pièces fort rares de porcelaine des Médicis. Malheureusement elle ne put se développer et à la mort de François de Médicis la production s'arrêta. Un siècle passa avant que les recherches ne reprennent et au XVII$^{e}$ siècle ce sont les faïenciers français qui se penchèrent sur le problème. Des lettres patentes datées de 1673 autorisaient Louis Poterat de Rouen à fabriquer des porcelaines. Le même privilège fut accordé peu après à Pierre Chicaneau et à ses héritiers à Saint-Cloud. Ils affirmaient pouvoir faire de la "vraie porcelaine". Rapidement, malgré les précautions prises pour que les recettes ne soient pas divulguées, les manufactures qui produisaient de la porcelaine essaimèrent en France. En fait, c'était de la porcelaine tendre.
La porcelaine tendre est composée généralement de marne calcaire à laquelle a été ajoutée la "fritte", matière composée de potasse, alun, gypse et autres, cuits et pulvérisés. C'est un produit intermédiaire entre la faïence et la porcelaine. Sa couverte est plombeuse et par conséquent très fusible. C'est un avantage pour la qualité du décor, qui pratiquement, s'incorpore à la couverte et prend une luminosité extraordinaire. Si la porcelaine tendre a des qualités artistiques incontestables, elle a aussi de graves défauts.

*Meissen: les paysages étaient souvent inspirés de la peinture flamande.*

*Fleurs stylisées de la manufacture Herend (Hongrie).*

Elle est fragile, sa couverte se raie facilement, mais surtout les fissures et déformations au cours de la cuisson rendent la fabrication difficile et peu rentable. Ce qui manque c'est le kaolin, les "os" de la porcelaine. Personne ne le connaissait et la porcelaine gardait bien son secret.
La découverte de la porcelaine fut, paraît-il, due au hasard et celui qui l'inventa était un personnage sans doute de génie, mais assez étrange: Johann Friedrich Böttger était apprenti chimiste chez un pharmacien à Berlin.
Il fréquentait Kunkel qui, par la suite, devint connu dans l'industrie du verre, et aussi un groupe d'alchimistes. Il fut initié à la recherche de la pierre philosophale qui devait opérer la transmutation des métaux en or. Il fut rapporté au roi de Prusse que Böttger était capable de faire de l'or et aussitôt, pour mieux le convaincre de lui prêter ses services, il le fit mettre en prison.
Böttger réussit à s'évader et se sauva en Saxe. Le roi Guillaume demanda son extradition, mais l'Électeur de Saxe, Frédéric-Auguste, choisit de garder pour lui les talents de Böttger. Il lui offrit une prison avec toutes les commodités, des crédits illimités, un laboratoire et des assistants pour l'aider dans ses recherches. Évidemment elles n'auraient mené à rien et Böttger aurait fini par avoir des ennuis si un autre chimiste, qui appréciait beaucoup son intelligence et ses aptitudes, n'avait demandé qu'il l'aidât dans ses propres travaux. Ainsi Böttger fut transféré dans la forteresse de Koenigstein, où se trouvait le laboratoire de Tschirhaus. Celui-ci travaillait sur plusieurs découvertes, dont la porcelaine. Les résultats ne tardèrent pas et, en 1708, Böttger trouva un nouveau produit céramique rouge foncé et extrêmement dur de la famille des grès. Tschirhaus mourut et Böttger continua les expériences qu'ils avaient entreprises pour trouver le secret de la porcelaine. Selon la légende, un jour où son valet poudrait sa perruque, Böttger remarqua que la poudre était différente, que le sachet la contenant pesait bien lourd. A l'examen il vit que c'était un minéral et voulut connaître ses origines. Ainsi, il apprit que le commerçant qui la fournissait, en traversant la région de Aue, était tombé de cheval et, voyant que la boue collée à ses vêtements se transformait aussitôt sèche en poudre blanche très fine, avait eu l'idée de la vendre à l'usage des perruques.

*Motif copié sur un modèle de la manufacture de Berlin.*

*Conseil technique: pour peindre les fleurs il faut commencer par apprendre à les dessiner. Les motifs présentés sont utiles pour se familiariser avec les formes, le tracé à la plume et aussi la pratique de la coloration.*

Cette poudre n'était pas autre chose que le plus pur kaolin. Böttger l'utilisa pour ses expériences et, en 1709, il informa la cour que la porcelaine était découverte. Auguste II, prince électeur de Saxe qui était devenu roi de Pologne, fit annoncer officiellement au monde cette nouvelle le 23 février 1710. La pâte de la porcelaine dure est composée essentiellement de kaolin et de feldspath, associés à d'autres minéraux pierreux (quartz), qui servent de liant. Cette pâte, une fois cuite, présente une surface mate, ayant un petit grain au toucher. C'est ce qu'on appelle "dégourdi". Pour rendre la surface lisse et brillante il faut lui donner une glaçure, nommée aussi couverte. Elle est composée surtout de feldspath quartzeux seul ou mêlé avec du gypse. Contrairement à la porcelaine tendre, la couverte est sans plomb ni étain. La cuisson avec la glaçure s'effectue à environ 1 400 °C nécessaires pour la vitrification complète de la porcelaine et de la couverte. Dans la fabrication de statuettes on en laisse certaines cuites sans être émaillées (sans glaçure) à l'état de biscuit.
Ce ne fut pas facile de trouver les proportions et la composition de la pâte et de la glaçure ni de mettre au point les couleurs adaptées. La Chine y était arrivée en suivant une longue évolution et gardait jalousement le secret de fabrication. Après la découverte du kaolin, les difficultés furent vite surmontées, mais le secret ne put longtemps être gardé.

# MEISSEN

Le roi Auguste II fut content de la découverte de la porcelaine comme si celle-ci était la pierre philosophale. S'il avait fait savoir officiellement à toute l'Europe ce prodigieux événement, il imposa le plus grand secret à tout ce qui touchait à sa production. Le laboratoire de Böttger et les ateliers furent bientôt transférés dans le château d'Albrechts Buro qui domine la ville de Meissen.
Il présentait tous les avantages y compris celui de la sécurité, rendant la fuite du personnel quasiment impossible. A cette époque des procédés de ce genre étaient courants. Par exemple, Venise accordait une situation privilégiée et une rémunération tout à fait remarquable aux maîtres verriers de Murano, mais ils ne pouvaient pas quitter le territoire de la république sous peine de mort.
A Meissen le personnel avait aussi d'excellentes conditions. Le roi accorda, en plus, la protection fiscale et légale à tous les artisans étrangers désireux de travailler dans la manufacture. En 1736 fut créée une caisse pour l'aide aux familles en cas de décès, et en 1756 une seconde caisse fut instituée pour assurer les veuves des ouvriers.
La spécialisation du travail était plus grande que l'on pourrait imaginer et certains objets passaient par les mains de divers décorateurs: chacun avait une tâche bien déterminée, qu'il exécutait avec minutie. Les travaux étaient dirigés par le maître. Böttger avait le titre d'"Administrator".
Il s'occupait surtout de la composition de la pâte et de son amélioration, ainsi que de celle de la glaçure. Ce fut laborieux, puisque tout était encore à découvrir. Les premières pièces furent exposées à la foire de Leipzig en 1710. Elles avaient de nombreux défauts et ne pouvaient en aucun cas être comparées à la porcelaine qui arrivait d'Orient. Ce n'est qu'en 1720 que fut atteinte la composition définitive et parfaite de la pâte. A la mort de Böttger, survenue en 1719, la direction passa à des dirigeants extrêmement efficaces, ce qui donna un essor prodigieux à la qualité de la production et du décor. Ils engagèrent un peintre très

*Fleurs et insectes dans le style Meissen.*

capable, Höroldt, qui créait les décors et dirigeait l'atelier de peinture. Pour les besoins de la manufacture il créa une école où il recrutait les meilleurs éléments. Après six ans d'études et d'apprentissage ceux-ci recevaient une épée et la qualification d'ouvrier à Meissen, tandis que les autres, leur apprentissage terminé, étaient congédiés.

En 1701, la porcelaine blanche était classée en trois catégories suivant sa qualité. La première et la deuxième, si les défauts étaient mineurs et dissimulables, étaient retenues par la manufacture. Le reste de la production n'était pas mis en vente mais était à la disposition du personnel et des parents à condition qu'ils n'en fassent pas commerce. Le résultat fut qu'une grande

partie de ces pièces fut décorée hors de la manufacture par des peintres à domicile, les "Hausmaler", ce qui lui porta un grand préjudice à cause de la mauvaise qualité des pièces, du décor peu soigné et enfin parce qu'elles étaient écoulées à bas prix, si ce n'est de la main à la main. Si on mentionne ce détail ici c'est parce qu'il fut pratiqué presque partout autour des manufacures européennes à leur plus grand préjudice, Vienne en fut un exemple remarquable. Aussi, dans la seconde moitié du XVIIIe siècle de sévères mesures furent prises et les pièces défectueuses furent détruites ou marquées de façon à ne pas être confondues avec les pièces authentiques sortant de la manufacture.

Auguste II le Fort avait pris en main la manufacture depuis 1731. Cela montre de quel prestige jouissait la fabrication de la porcelaine. Toutefois, à sa mort, son fils et successeur s'en occupa beaucoup moins. Pendant sept ans, de 1756 à 1763, Meissen fut occupé par l'armée de Frédéric II de Prusse qui s'empara de toute la production. Le travail dut s'arrêter totalement, les artistes et ouvriers se dispersèrent offrant leurs services aux autres manufactures. Il ne restait rien du prestige de Meissen qui, d'ailleurs, était depuis longtemps ruiné par l'engouement pour le style français, notamment par la gloire montante de Sèvres. A partir de la reprise du travail il fallait s'adapter à ce style qui s'était entre-temps imposé partout en Europe et Meissen fit appel à un sculpteur français, Jean-Michel Acier, de Versailles. C'était un bon artiste mais il n'avait pas la force créatrice et l'imagination de Koendler qui fit la renommée des statuettes de Meissen. Koendler mourut en 1775 ayant à peine achevé un service pour Catherine de Russie. Acier se retira en 1781 à cause d'une maladie des yeux, conséquence de son travail. Avec eux finirent les grands moments de la porcelaine de Saxe.

*Les motifs reproduits proviennent d'une chocolatière d'Ansbach, une des nombreuses petites manufactures allemandes créées au XVII<sup>e</sup> siècle. Comme on peut voir sur le couvercle, le travail est réalisé en deux étapes. L'ébauche est peinte avec peu de couleurs et sans nuance. A gauche, le motif est retouché en ajoutant les ombres et les détails. Le motif décoratif est noir, couleur de l'or avant la cuisson.*

*Oiseaux dans le style de Meissen.*

# DIFFUSION DE L'ARCANE

*Motif inspiré d'un modèle de Vienne.*

Malgré l'isolement imposé au personnel de Meissen pour sauvegarder le secret de fabrication, l'arcane eut vite fait de dépasser les frontières et de se propager. Selon certaines sources ce fut Böttger qui, à la fin de sa vie, étant porté à boire, aurait parlé à Konrad Hunger. Celui-ci se pressa d'aller à Vienne se mettre à la disposition de J. Du Paquier qui venait de fonder une manufacture. Toutefois, la production ne put démarrer efficacement avant que Stolzel, spécialiste en cuissons, n'arriva clandestinement de Meissen. Hunger, personnage inquiet et instable, s'enfuit à son tour de Vienne pour aider F. Vezzi à créer une fabrique de porcelaine. Le kaolin était importé frauduleusement de Saxe. Les dépenses étaient énormes et lorsque la situation devint difficile, il retourna à Meissen pour y faire des révélations au sujet des détournements de kaolin. Ce n'est qu'un épisode parmi tant d'autres. Il y avait aussi des ouvriers qui fuyaient à cause des salaires trop bas, des mauvaises conditions de travail et du mauvais traitement qu'ils subissaient de leurs supérieurs. Un des plus célèbres fut J. F. Ringler, de Vienne, qui fonda un grand nombre de manufactures en Allemagne.

A part les transfuges, il y eut une quantité de petits et grands charlatans qui allaient d'une cour à l'autre, d'un État à l'autre. Ils se faisaient passer pour spécialistes en pâtes, cuissons et décoration et ne faisaient que gaspiller les fonds qu'on leur confiait. En effet, à cette époque avoir une manufacture était un point d'honneur et de prestige et environ cinquante ans après les débuts de Meissen d'immombrables manufactures furent créées. Voici les principales: Vienne, 1719; Doccia, 1735; Vincennes, 1738 et Sèvres, 1756; Naples, 1743; Plymouth, première manufacture anglaise à produire de la porcelaine dure, 1758; Copenhague, 1759; Berlin, fabrique royale, 1763.

*Un décor floral dont le motif a résisté au temps et aux tourmentes est celui du bleuet stylisé, appelé barbeau. Les barbeaux se présentent en bouquets, en semis, en frises, en médaillons. Selon la tradition, le barbeau aurait été le décor favori de Marie-Antoinette.*

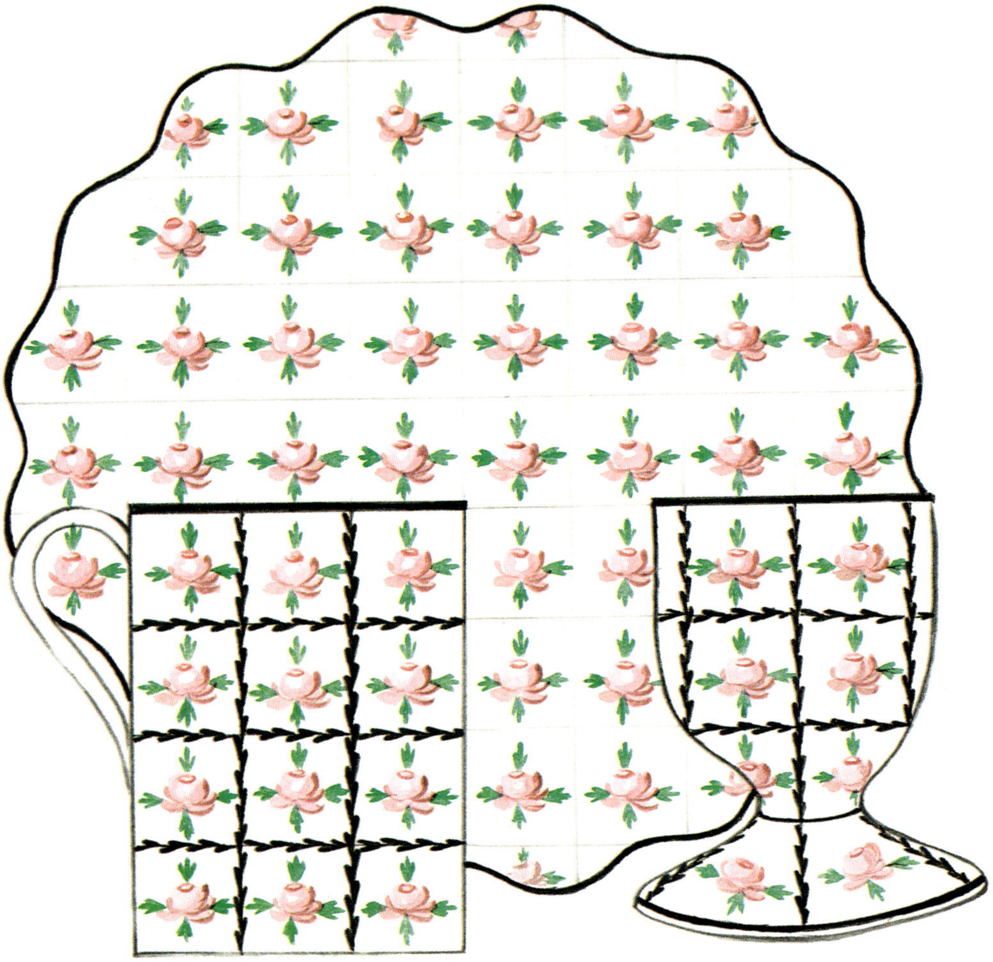

*Les roses paraissent parfois difficiles à dessiner. Commencer par apprendre à faire celles de petites tailles. Employer deux couleurs, le carmin et le pourpre, pour les parties foncées. Il faut éviter de foncer en appliquant le carmin en épaisseur. C'est une couleur qui s'écaille ou bien reste brun-orangé à la cuisson, si elle est épaisse. Le modèle présenté, produit par la manufacture de Herend, est un excellent exercice pour "se faire la main".*

*Les oiseaux restent toujours un des motifs préférés.*

# VINCENNES SÈVRES

En France à la fin du XVII^e^ siècle les recherches avaient abouti à la découverte de la porcelaine tendre. Sa fabrication présentait des difficultés, mais celles-ci étaient largement compensées par la beauté et l'éclat que la glaçure plombifère donnait aux couleurs. Aussi, continua-t-on à produire de la porcelaine tendre parallèlement à la porcelaine dure jusqu'en 1800 malgré la découverte en 1765 d'un gisement de kaolin à Saint-Yrieix près de Limoges. Plusieurs fabriques, Saint-Cloud, Chantilly, Mennecy, produisaient des pièces remarquables par la beauté des formes et la qualité des décors. Mais celle qui fera pâlir le prestige de Meissen, qui imposera son style en Europe, c'est la manufacture de Sèvres.
En 1740, deux ouvriers de Chantilly, les frères Dubois, proposèrent à l'intendant des finances, Orry de Fulvy, de créer un atelier pour y fabriquer de la porcelaine. Ils réussirent à le convaincre et une dépendance du château de Vincennes fut mise à leur disposition. C'est ainsi que naquit la plus importante manufacture française.
Les deux ouvriers étaient des sujets très instables et quatre ans plus tard ils partirent. Ils laissaient toutefois derrière eux un autre ouvrier Louis-François Gravant, qui était venu avec eux de Chantilly et qui connaissait tous leurs secrets. C'était un travailleur acharné et grâce à lui la manufacture progressait.
La première production de Vincennes imitait celle de Meissen.
En 1745, Charles Adam demanda au roi un privilège pour "fabriquer de la porcelaine façon Saxe" et la première Société de Vincennes fut créée. Gravant, toujours sur place, améliora la composition de la pâte. En outre, le personnel comprenait un préparateur de couleurs et plusieurs peintres spécialisés: deux pour les fleurs, un pour les oiseaux et les paysages.
Le développement fut très rapide car en 1746 il y avait dix-huit peintres au travail et en 1749 la manufacture comptait cent vingt personnes. A partir de 1750 un chimiste, membre de l'Académie des sciences, fut appelé à surveiller la qualité des pâtes, des couvertes, des couleurs, et des peintres furent mis à la direction artistique. Les frais furent si lourds que la Compagnie Adam fut liquidée. Une autre société fut créée à sa place à

*Ébauches de bouquets dans le style de Sèvres. Ne peindre les détails des fleurs et les nervures qu'à la retouche.*

laquelle participa le roi en personne, propriétaire d'un quart des actions.

En 1754, deux artistes, Bush et Stadelmayer, arrivèrent à Sèvres et promirent de faire de la vraie porcelaine, mais leurs essais furent une catastrophe financière. On fit appel à Pierre-Antoine Hannong et ses essais furent meilleurs. A partir de 1765, Sèvres produisit de la porcelaine dure grâce aussi à la découverte du kaolin en France, mais la production de la porcelaine tendre continuait parallèlement.

Mme de Pompadour qui s'intéressait beaucoup à la manufacture voulut la rapprocher de Versailles et suggéra qu'elle fût transférée à Sèvres. La construction de la nouvelle manufacture fut achevée en 1756 et les ateliers furent transportés la même année.

Une période d'extraordinaire développement commence et vers 1758 deux cent cinquante personnes y travaillent...

Louis XV prit la décision en 1759 de racheter toutes les parts de la société et Sèvres devint la manufacture royale.

Ainsi à l'abri des difficultés financières qui étaient fatales aux fabriques de pâte tendre, la manufacture continua sa production prestigieuse. Louis XVI la protégea jusqu'à sa chute et même, peu de temps avant sa mort, en 1791, la sauva de la fermeture en l'incorporant à sa liste civile.

*Les fonds colorés peuvent être réalisés par putoisage. Cette technique consiste à étendre la couleur au pinceau et ensuite à l'unifier en tapotant légèrement avec de la mousse synthétique. La préparation de la couleur est importante: mélanger la poudre avec de l'essence grasse, ajouter quelques gouttes d'essence de clou de girofle ou de lavande, enfin diluer avec de la térébenthine. Faire un essai avant de procéder au putoisage de la pièce pour s'assurer que la consistance est bonne.*

# Les formes

Les formes des pièces de Vincennes comme celles de Sèvres jusqu'en 1770 sont de style rocaille. Les modèles étaient fournis par Duplessis, orfèvre du roi, et inspirés par l'argenterie. De grands services sont produits et les commandes affluent de toute l'Europe. Le service le plus cher que Sèvres a produit fut celui de la reine Catherine II de Russie dont le prix s'élevait à trois cent mille livres.
Le style Louis XVI changea les formes, les lignes sont plus simples, un peu sévères, mais toujours souples et élégantes.

## Le décor

Jusqu'en 1770, environ, la porcelaine européenne est inspirée directement ou indirectement de modèles chinois ou japonais. Certains des modèles venaient de Meissen et en France des cahiers du peintre Fraisse qui était lié à la manufacture de Chantilly. Le fait que Vincennes fut créé par Gilles et Robert Dubois et Louis-François Gravant, tous les trois venant de Chantilly, explique l'influence de Saxe et celle de Chantilly au début de la production. Mais ni Vincennes ni Sèvres ne copièrent les modèles servilement. Ils ont accepté de façon très originale certains motifs orientaux et en regardant les motifs cailloutés, vermiculés ou pointillés de Sèvres on ne pense pas tout de suite à leurs origines.
Les fleurs et les insectes, reproduits fidèlement par hachures à Saxe, évoluent et deviennent des fleurs et des bouquets au naturel, un des motifs préférés de Sèvres.
Les fleurs sont presque toujours présentes même lorsqu'elle ne sont qu'accessoires.
Les oiseaux aussi sont un grand thème de Sèvres, probablement à cause du goût pour la nature qui marque cette période. Le faisan chinois est parmi les oiseaux celui que nous voyons le plus fréquemment. Les autres sont en grande partie tirés des planches du botaniste Buffon, mais les hameaux de Marie-Antoinette sont aussi une source d'inspiration pour des scènes de basse-cour.
Les fonds colorés, surtout, caractérisent Sèvres. Dans des cartouches "artistiquement placés" dans ces fonds jaunes, roses, verts, bleus se déroulent des scènes champêtres, mythologiques, pastorales, militaires. Ce sont de véritables tableaux copiés ou adaptés des œuvres de peintres. Encadrés par de gracieuses rocailles et des branches fleuries en or relief ils ont fait la conquête de l'Europe.

*La régularité est essentielle pour bien exécuter les motifs décoratifs en or. Avant d'entreprendre le travail sur la pièce, exercer séparément le motif avec une couleur. S'assurer aussi de la parfaite homogénéité du produit, car l'or forme des dépôts au fond des flacons. Agiter souvent le flacon ne suffit pas et il est préférable de bien remuer avec un bâtonnet.*
*L'or est une belle finition qui s'impose avec les fonds colorés. Les motifs cailloutés et vermiculés se posent sur des fonds colorés et sont particulièrement commodes pour camoufler des défauts de putoisage.*

# LES PETITES BOITES

Au XVIII^e^ siècle il y a une véritable passion pour les petites boîtes. On en a fabriqué de toutes sortes et en matériaux les plus divers: bois laqué, écaille, émail, porcelaine, améthyste taillée

et même en or orné de pierres précieuses. Elles servaient à garder des dragées et des pilules ou alors le rouge, la poudre et les mouches des élégantes. Un autre usage était d'y tenir le tabac à priser, car au XVIII^e^ siècle c'était la grande mode et même les femmes s'étaient habituées et aimaient priser. Les petites boîtes étaient devenues un attribut indispensable et toutes les manufactures européennes en produisaient. La variété des formes, la richesse thématique et la qualité artistique sont tout à fait extraordinaires. Ces pièces présentent un panorama complet des grands thèmes décoratifs du siècle: quelques chinoiseries et les scènes de négoce des premiers temps, en passant par les batailles, les scènes de Watteau, jusqu'aux "Amours bouchers".
Au début des temps les premiers récipients frustes en terre séchée au soleil furent inventés par nécessité. Ensuite, la céramique accompagne l'homme à travers les siècles, portant l'empreinte de sa culture, de sa vie et même des événements tels que la guerre. Mais, à l'opposé, la porcelaine de cette époque récente reflète fidèlement le XVIII^e^ siècle, par des thèmes heureux sur des objets d'un luxe, d'un raffinement et d'une élégance extrêmes. La fin de ce siècle fut marquée par l'horreur et le sang et la porcelaine ne voulut pas les retranscrire.

L'auteur, Dony Alexiev, responsable d'atelier à l'Association pour le développement de l'animation culturelle (ADAC), remercie Mmes B. de Boutray, R. Van den Broek d'Obrenan, N. Caramanis, A. Cassagne, J. Devier, J. Falconnet, S. Ferrand, M. Hamm, E. Marshall, S. Materre, C. Peña, I. Reullon, I. de Sellier, et MM. J. Fournier et G. Saint-Georges pour lui avoir prêté leurs travaux, Y. et D. Alexiev ont également fourni des pièces. L'auteur remercie également l'ADAC de lui avoir ouvert ses ateliers.